Book Title:

"Innovations Modernes du Café : Découvrez les Tendances les Plus Chaudes du Café de Spécialité : Nitro, Infusion à Froid, et Bien Plus Encore."

By Jenny Koo

Imprint: Independently published.

Copyright © 2024 by Jenny K. Koo. All rights reserved.

No part of this book may be used or reproduced in any manner whatsoever without written permission.

For information, please email to
jennykookk@gmail.com

"Innovations Modernes du Café : Découvrez les Tendances les Plus Chaudes du Café de Spécialité : Nitro, Infusion à Froid, et Bien Plus Encore"

By Jenny Koo

Table des matières

Introduction
Pourquoi le café de spécialité? : La montée du café de spécialité et son importance dans la culture du café aujourd'hui.
Aperçu des tendances : Ce que les lecteurs peuvent attendre des dernières tendances.

Chapitre 1 : Le café Nitro
Qu'est-ce que le café Nitro? : Explication et histoire.
Comment c'est fait : Le processus d'infusion de café avec de l'azote.

Saveur et texture : Caractéristiques uniques du café Nitro.

Avantages pour la santé et popularité : Pourquoi il devient un favori parmi les amateurs de café.

Chapitre 2 : Le café infusé à froid

Introduction à l'infusion à froid : Ce qui le distingue du café glacé traditionnel.

Processus de brassage : Guide étape par étape pour faire du café infusé à froid.

Profil de saveur : Comment l'infusion à froid affecte le goût et l'acidité.

Tendances du marché : La popularité croissante et la disponibilité commerciale du café infusé à froid.

Chapitre 3 : Les grains de café à origine unique

Qu'est-ce que le café à origine unique? : Définition et importance.

Régions et profils de saveur : Comment la géographie influence le goût.

Approvisionnement et durabilité : Les avantages du café à origine unique pour les agriculteurs et les consommateurs.

Tendances dans le café à origine unique : Tendances actuelles du marché et préférences des consommateurs.

Chapitre 4 : Les cafés de spécialité et les salons de café

La montée des cafés de spécialité : Comment ils diffèrent des cafés traditionnels.

Offres innovantes : Boissons et expériences uniques proposées par les cafés de spécialité.

Communauté et culture : Le rôle des cafés dans la promotion de la communauté.

Chapitre 5 : Pratiques durables et éthiques dans le café

L'importance de la durabilité : Les impacts environnementaux et sociaux de la production de café.

Certifications et labels : Comprendre le commerce équitable, l'alliance pour la forêt tropicale, et d'autres certifications.

Choix des consommateurs : Comment choisir et soutenir des marques de café durables.

Chapitre 6 : Innovations technologiques dans le café

Nouveaux équipements de brassage : Derniers gadgets et outils pour les amateurs de café.

Machines à café intelligentes : Intégration de la technologie dans le brassage.

Tendances futures : Technologies émergentes et leur impact potentiel sur l'industrie du café.

Chapitre 7 : Le café de spécialité à la maison

Techniques de brassage à domicile : Conseils pour préparer du café de spécialité à la maison.

Recettes DIY : Comment recréer des boissons populaires de café de spécialité.

Installation d'un bar à café à domicile : Équipement essentiel et conseils d'aménagement.

Conclusion

Récapitulatif des principales tendances : Résumé des dernières tendances dans le café de spécialité.

Encouragement à explorer : Inspirer les lecteurs à

essayer de nouvelles expériences de café et à se tenir au courant des tendances.

Introduction

Pourquoi le café de spécialité?

Ces dernières années, la culture du café a subi une transformation remarquable. Ce qui était autrefois une simple boisson pour un rapide coup de fouet en caféine est devenu un phénomène mondial. Le café de spécialité, avec son accent sur la qualité, l'artisanat et l'innovation, a gagné en popularité. Que vous soyez un buveur de café occasionnel ou un aficionado dévoué, vous avez probablement remarqué l'effervescence autour de cette nouvelle tendance.

Mais qu'est-ce que le café de spécialité exactement, et pourquoi est-il si important? Le café de spécialité fait référence aux grains de la plus haute qualité, provenant des meilleures régions du monde et préparés avec précision pour en révéler les saveurs uniques. Ce café ne se résume pas seulement au goût – c'est un véritable mode de vie. Le mouvement met l'accent sur la durabilité, l'approvisionnement éthique, et une profonde appréciation du parcours de chaque tasse, du champ à votre tasse.

L'essor du café de spécialité reflète un changement culturel plus large vers une plus grande conscience de ce que nous consommons. Les gens ne recherchent plus seulement la commodité – ils veulent savoir d'où vient leur café, comment il est fabriqué, et comment ils peuvent savourer chaque gorgée. Cette curiosité grandissante a ouvert la voie à des innovations passionnantes, du café Nitro à l'infusion à froid, en passant par les grains à origine unique et bien plus encore.

Aperçu des tendances

Dans ce livre, vous découvrirez les tendances les plus en vogue qui façonnent l'avenir du café. Que vous soyez intrigué par la texture crémeuse du café Nitro ou par le profil doux et peu acide de l'infusion à froid, vous trouverez des informations précieuses sur ce qui distingue chaque tendance. Pour ceux qui souhaitent approfondir, nous couvrirons également l'importance des grains à origine unique, le rôle de la durabilité dans la production de café, et les innovations technologiques passionnantes qui transforment notre façon de préparer le café.

À la fin de ce voyage, vous serez bien équipé pour faire des choix éclairés, que ce soit dans votre café local préféré ou en installant votre propre station de brassage à la maison. Le café est bien plus qu'une boisson – c'est un art, une expérience et une culture en constante évolution. Alors prenez une tasse, et plongeons ensemble dans l'univers du café de spécialité!

Chapitre 1 : Le café Nitro

Qu'est-ce que le café Nitro ?

Le café Nitro est l'une des innovations les plus excitantes dans le domaine du café de spécialité. À première vue, il peut ressembler à une pinte de bière plutôt qu'à une tasse de café, mais ne vous y trompez pas : le café Nitro est une boisson douce, crémeuse et rafraîchissante qui conquiert les amateurs de café à travers le monde.

Le café Nitro est préparé en infusant du café froid avec du gaz d'azote. L'azote crée de petites bulles qui donnent au café une texture veloutée et mousseuse, semblable à celle d'une bière stout. Ce processus non seulement améliore la texture, mais transforme également le profil de saveur, la rendant plus riche et plus onctueuse.

L'idée d'utiliser l'azote dans les boissons n'est pas nouvelle — elle est utilisée dans l'industrie de la bière depuis des années. Toutefois, l'application de cette technique au café n'a commencé à se répandre qu'au début des années 2010. Aujourd'hui, le café Nitro est un incontournable dans de nombreux cafés de spécialité, et sa popularité ne cesse de croître.

Comment c'est fait

Le processus de fabrication du café Nitro commence par une infusion à froid. Les grains de café sont infusés dans de l'eau froide pendant une longue période, généralement entre 12 et 24 heures, afin de créer une base concentrée et douce. Une fois l'infusion à froid prête, elle est infusée avec du gaz d'azote sous haute pression, à l'aide d'un système de robinet similaire à ceux utilisés pour la bière en fût.

Contrairement au dioxyde de carbone qui se dissout dans les sodas, l'azote ne se dissout pas dans le café. Il forme plutôt de petites bulles denses qui donnent au café sa texture crémeuse caractéristique. Lorsqu'il est versé, le café Nitro se déverse en cascade avec une épaisse couche de mousse à sa surface — une autre raison pour laquelle il est souvent comparé à la bière pression.

De nombreux amateurs de café apprécient que le café Nitro soit généralement servi sans sucre ajouté ni lait. L'infusion à l'azote fait ressortir la douceur naturelle du café, le rendant agréable à déguster tel quel.

Saveur et texture

L'une des caractéristiques distinctives du café Nitro est sa texture incroyablement douce et crémeuse. Les bulles d'azote créent une sensation en bouche riche et soyeuse, tandis que le processus d'infusion à froid garantit un goût moins acide et plus doux comparé au café traditionnel infusé à chaud.

Le café Nitro est souvent décrit comme étant plus sucré et moins amer que le café chaud. L'infusion à froid élimine une grande partie de l'acidité, permettant aux arômes subtils des grains de se révéler pleinement. Le résultat est un café non seulement plus doux en bouche, mais aussi plus rafraîchissant — idéal pour une chaude journée d'été ou lorsque vous avez envie de quelque chose de différent.

Avantages pour la santé et popularité

Le café Nitro ne se distingue pas seulement par son goût et sa texture uniques — il est également salué pour ses bienfaits pour la santé. Comme il est fabriqué à partir d'une infusion à froid, le café Nitro est généralement moins acide que le café chaud, ce qui le rend plus facile à digérer pour les personnes souffrant de reflux acide ou de sensibilité digestive.

En outre, le café Nitro est souvent consommé sans sucre ni produits laitiers, ce qui en fait une option à faible teneur en calories pour ceux qui souhaitent éviter les édulcorants ou la crème. L'infusion à l'azote fait ressortir la douceur naturelle du café, le rendant agréable sans qu'il soit nécessaire d'ajouter du sucre.

Sa popularité croissante est évidente dans les cafés du monde entier. De nombreuses grandes chaînes de café ont adopté le café Nitro, le proposant au robinet aux côtés de leurs espresso et infusions à froid habituels. La nouveauté de sa présentation, combinée à sa texture crémeuse et à son goût rafraîchissant, en a fait un incontournable pour les amateurs de café à la recherche d'une nouvelle expérience. Son ascension n'est pas simplement une mode — le café Nitro se taille une place durable dans la culture du café en constante évolution.

Chapitre 2 : Café infusé à froid

Introduction à l'infusion à froid

Le café infusé à froid est devenu une tendance incontournable ces dernières années, et pour de bonnes raisons. Contrairement au café glacé traditionnel, qui est préparé à chaud puis refroidi, le café infusé à froid est obtenu en faisant macérer du café moulu dans de l'eau froide pendant une longue période. Cette méthode met en valeur la douceur naturelle du café et réduit son acidité, créant une boisson douce et rafraîchissante, parfaite pour les temps chauds – ou chaque fois que vous souhaitez une expérience caféinée moins amère.

Le concept d'infusion à froid n'est pas nouveau. Il est populaire dans diverses cultures depuis des siècles, mais n'a explosé sur la scène mondiale du café que récemment. Son attrait réside dans la simplicité du processus et dans les saveurs riches et complexes qui en résultent. Que vous le dégustiez dans un café branché ou que vous le prépariez chez vous, le café infusé à froid offre une expérience unique qui continue de séduire de nombreux amateurs de café.

Processus de brassage

L'une des beautés du café infusé à froid est sa facilité de préparation à la maison. Tout ce dont vous avez besoin, ce sont des grains de café grossièrement moulus, de l'eau et un peu de patience. Voici un guide simple, étape par étape, pour préparer votre propre café infusé à froid :

1. **Choisir votre café** : Commencez avec des grains de café moulus grossièrement. Une mouture grossière empêche le café de devenir trop amer pendant le long processus de macération.
2. **Mesurer le café et l'eau** : Un bon ratio de départ est une tasse de café moulu pour quatre tasses d'eau froide. N'hésitez pas à ajuster selon la force de café que vous préférez.
3. **Mélanger et macérer** : Dans un grand pot ou pichet, mélangez le café moulu et l'eau froide. Remuez doucement pour vous assurer que le café est bien saturé. Couvrez le récipient et laissez-le macérer à température ambiante ou au réfrigérateur pendant 12 à 24 heures, selon l'intensité souhaitée.
4. **Filtrer le café** : Une fois le temps de macération écoulé, filtrez le café à l'aide d'un tamis fin ou d'un filtre à café pour éliminer les grains. Vous obtiendrez un café infusé à froid concentré, que vous pourrez diluer avec de l'eau ou du lait selon votre goût.

5. **Servir et déguster** : Versez le café infusé à froid sur des glaçons et savourez ! Ajoutez du lait, de la crème, ou vos arômes préférés si vous le souhaitez, mais le café infusé à froid est si doux et savoureux que beaucoup préfèrent le boire nature.

Le processus est facile à adapter, permettant des variations de force, de saveur, et de styles de service. Que vous souhaitiez un concentré plus fort ou un café plus dilué, vous avez le contrôle.

Profil de saveur

Ce qui distingue le café infusé à froid du café infusé à chaud, c'est son profil de saveur unique. L'infusion à froid extrait lentement les arômes à une température plus basse, ce qui réduit l'amertume et l'acidité. Cela permet à la douceur naturelle des grains de café de se manifester, donnant une tasse plus douce et équilibrée.

Ainsi, le café infusé à froid a tendance à offrir des saveurs riches de chocolat ou de noix, selon les grains utilisés. Les notes fruitées ou florales, qui pourraient être dominées par la chaleur dans une infusion traditionnelle, sont également plus perceptibles dans l'infusion à froid. La moindre acidité le rend également plus doux pour l'estomac, ce qui explique pourquoi de nombreuses personnes sensibles à l'acidité préfèrent le café infusé à froid.

Pour ceux qui trouvent habituellement le café chaud trop amer ou trop fort, le café infusé à froid offre une alternative plus douce. Sa polyvalence en fait également une excellente base pour expérimenter avec des saveurs, qu'il s'agisse d'ajouter de la vanille, de la cannelle, ou même un soupçon de citronnade pour une touche rafraîchissante.

Tendances du marché

Le boom du café infusé à froid est irrésistible depuis une décennie. Ce qui a commencé comme une boisson de niche disponible dans les cafés spécialisés s'est désormais généralisé dans les chaînes de cafés, les supermarchés, et même sous forme de canettes et bouteilles prêtes à boire.

Selon les études de marché, les ventes de café infusé à froid ont explosé, portées par les jeunes consommateurs et la demande croissante pour des boissons artisanales de qualité. Les Millennials et la génération Z, en particulier, sont attirés par l'infusion à froid non seulement pour son goût, mais aussi pour son association avec la qualité et l'artisanat. Cette tendance se reflète dans la montée des cafés indépendants offrant leurs propres infusions à froid maison, souvent avec des touches uniques comme des sirops aromatisés ou des variantes infusées à l'azote.

L'essor du café infusé à froid a également conduit à des innovations dans l'emballage, avec de nombreuses entreprises développant des concentrés stables à température ambiante et des options à portion individuelle. Le café infusé à froid n'est plus simplement une boisson de spécialité – il est devenu un incontournable dans le paysage du café moderne, apprécié par des millions de personnes à la maison et en déplacement.

Chapitre 3 : Les grains de café à origine unique

Qu'est-ce que le café à origine unique ?

Le terme "café à origine unique" est souvent vu dans les cafés spécialisés, mais que signifie-t-il vraiment ? En termes simples, le café à origine unique provient d'une région spécifique, d'une ferme, voire d'une parcelle unique sur une ferme. Cela contraste avec les mélanges, qui combinent des grains provenant de plusieurs endroits. L'attrait du café à origine unique réside dans sa pureté – il permet de mettre en valeur les saveurs naturelles des grains d'une région particulière, sans l'interférence d'autres origines.

L'intérêt pour le café à origine unique réside dans sa transparence. Savoir exactement d'où vient votre café vous permet de vous connecter plus étroitement à la source et vous donne l'occasion d'apprécier les nuances propres au climat, au sol et aux pratiques de culture de cette région spécifique. Qu'il s'agisse des notes fruitées d'un café éthiopien ou de la richesse chocolatée des grains colombiens, le café à origine unique offre une expérience gustative authentique qui reflète la géographie de son origine.

Dans un monde de plus en plus préoccupé par la durabilité et la qualité, le café à origine unique est devenu synonyme de ces valeurs. Ce n'est pas juste une tendance ; c'est une manière pour les amateurs de café d'explorer des saveurs diversifiées et pour les agriculteurs de mettre en valeur les caractéristiques uniques de leurs récoltes.

Régions et profils de saveur

La région où le café est cultivé a un impact significatif sur son goût. La composition du sol, l'altitude et le climat contribuent tous au goût distinct des grains à origine unique. Voici un aperçu de certaines des régions productrices de café les plus célèbres au monde et des saveurs qui les caractérisent :

- **Éthiopie** : Souvent considérée comme le berceau du café, l'Éthiopie produit certains des grains les plus recherchés au monde. Les cafés éthiopiens sont généralement légers et floraux, avec une acidité vive et des notes fruitées – pensez à des saveurs de myrtilles, fraises, et agrumes. Si vous recherchez un café riche en saveurs délicates et complexes, les grains à origine unique d'Éthiopie sont un excellent choix.

- **Colombie** : Connue pour ses grains Arabica de haute qualité, la Colombie produit un café au goût doux et bien équilibré. Les cafés colombiens sont souvent riches et corsés, avec des notes de chocolat, caramel et noix. Ils ont tendance à avoir une acidité modérée, ce qui en fait un favori pour ceux qui apprécient une tasse classique et consensuelle.

- **Costa Rica** : Le café costaricien est prisé pour son acidité vive et ses saveurs nettes et précises. Les grains de cette région présentent souvent des notes d'agrumes, ainsi que des touches de miel et de chocolat. L'engagement du pays en faveur des pratiques agricoles durables en fait également un leader dans la production de café éthique.

- **Sumatra** : Les cafés indonésiens, en particulier ceux de l'île de Sumatra, sont connus pour leurs saveurs profondes et terreuses. Les grains sumatranais sont généralement corsés, avec une faible acidité et des notes de chocolat noir, d'épices et de tabac. Ils sont souvent appréciés par ceux qui aiment un café audacieux et robuste.

Ce ne sont que quelques exemples des divers profils de saveur que vous pouvez explorer avec le café à origine unique. La beauté de ce type de café réside dans sa variété – chaque région offre une aventure gustative différente.

Approvisionnement et durabilité

L'un des aspects les plus attrayants du café à origine unique est son lien étroit avec la durabilité. Lorsque vous achetez du café à origine unique, vous soutenez souvent de petites fermes indépendantes qui sont fières de leurs pratiques agricoles éthiques et durables. Bon nombre de ces fermes pratiquent le commerce direct ou le commerce équitable, garantissant que les agriculteurs sont rémunérés équitablement pour leur travail et leurs cultures.

L'approvisionnement durable profite non seulement aux agriculteurs, mais aussi à l'environnement. Le café à origine unique est souvent cultivé avec des méthodes respectueuses de l'environnement, minimisant l'utilisation de produits chimiques et favorisant la biodiversité. Certaines régions, comme le Costa Rica, sont des pionnières dans l'agriculture durable, avec des réglementations strictes pour protéger l'environnement et les travailleurs.

Pour les consommateurs, choisir du café à origine unique est un moyen de soutenir des pratiques agricoles responsables tout en dégustant un produit de qualité supérieure. De nombreux amateurs de café apprécient de savoir que leur achat a un impact direct sur la subsistance des agriculteurs et la préservation des paysages où le café est cultivé.

Tendances dans le café à origine unique

À mesure que l'intérêt des consommateurs pour la qualité et la transparence grandit, le café à origine unique continue de prospérer. Ces dernières années, nous avons assisté à une augmentation des cafés mettant en avant des offres de café à origine unique, souvent avec une rotation saisonnière pour mettre en valeur des grains de différentes régions.

Les cafés à origine unique deviennent également plus accessibles, avec de nombreux torréfacteurs qui les proposent en ligne, permettant aux gens d'explorer une gamme de profils de saveur depuis le confort de leur maison. Les services d'abonnement de café ont adopté cette tendance, livrant chaque mois de nouvelles variétés d'origine unique à leurs abonnés, transformant la dégustation de café en un voyage passionnant.

L'essor du café à origine unique a également suscité des innovations dans les méthodes de brassage. Les baristas et les brasseurs à domicile expérimentent des méthodes comme le filtre manuel, l'AeroPress et d'autres techniques de brassage lent qui permettent à la complexité des grains d'origine unique de briller. Cette attention renouvelée à la précision du brassage témoigne de l'appréciation croissante du café en tant qu'artisanat, et non simplement une marchandise.

Chapitre 4 : Les cafés de spécialité et les salons de café

L'essor des cafés de spécialité

Dans les villes du monde entier, les cafés de spécialité sont devenus une partie essentielle de la culture urbaine. Ces cafés offrent bien plus qu'un simple coup de caféine – ce sont des destinations pour ceux qui recherchent une expérience de café soigneusement élaborée. Contrairement aux cafés traditionnels, où la rapidité et la commodité priment souvent, les cafés de spécialité privilégient la qualité, la technique et l'histoire derrière chaque tasse.

L'essor de ces cafés est porté par un intérêt croissant pour les boissons artisanales. Les clients veulent plus qu'un simple café ; ils veulent en savoir plus sur les grains, le processus de brassage et les agriculteurs qui se cachent derrière leurs boissons préférées. Ce changement dans le comportement des consommateurs a conduit à une nouvelle vague de cafés où le café est traité comme un art, les baristas étant à la fois créateurs et éducateurs.

Les cafés de spécialité sont également devenus des lieux de rassemblement communautaire. Avec leurs atmosphères accueillantes, ces cafés encouragent les interactions sociales, le travail créatif et même la détente. Que vous soyez là pour rencontrer des amis, étudier ou simplement profiter d'un moment de calme, ces espaces offrent bien plus qu'un excellent café – ils offrent une connexion.

Offres innovantes

L'un des traits distinctifs des cafés de spécialité est leur accent sur l'innovation. Ces cafés expérimentent constamment de nouvelles saveurs, méthodes de brassage et même ingrédients. Vous trouverez souvent des boissons uniques au menu, telles que :

- **Infusions à froid saisonnières** : Infusées avec des épices, des fruits, ou même des notes florales pour une touche rafraîchissante.
- **Lattes Nitro** : Alliant la douceur d'un latte à la texture onctueuse du café Nitro.
- **Mélanges d'espresso signature** : Créés par les propres torréfacteurs du café pour offrir une expérience unique.

De nombreux cafés spécialisés proposent également des cafés à origine unique exclusifs, avec une rotation régulière pour mettre en avant différentes régions et profils de saveur. Cette innovation constante incite les clients à revenir, impatients d'essayer la prochaine offre excitante.

Communauté et culture

Les cafés de spécialité ne se contentent pas de servir du bon café – ils jouent un rôle clé dans la création de communautés locales. Ces cafés sont devenus des lieux de rencontre pour des personnes de tous horizons, où les clients peuvent se connecter autour de leur passion commune pour le café. Il n'est pas rare de voir des étudiants, des professionnels et des créatifs travailler côte à côte dans un coin confortable d'un café de spécialité.

Ces espaces organisent souvent des événements tels que des dégustations de café, des ateliers de barista ou des concours d'art en latte, permettant aux clients d'approfondir leur compréhension de la culture du café tout en favorisant un sentiment d'appartenance. Cette approche fait des cafés de spécialité bien plus qu'un simple endroit pour prendre une boisson – ils deviennent des centres culturels et sociaux.

De plus, ces cafés sont souvent à l'avant-garde des causes sociales et environnementales. Beaucoup se concentrent sur des grains issus de sources éthiques, soutenant des pratiques durables et le commerce équitable. Certains collaborent même directement avec les producteurs de café, s'assurant que les agriculteurs sont rémunérés équitablement et que leurs pratiques sont respectueuses de l'environnement. Cet engagement envers la transparence et l'éthique est l'une des raisons pour lesquelles les cafés de spécialité sont si appréciés par leurs clients.

Chapitre 5 : Pratiques durables et éthiques dans le café

L'importance de la durabilité

Alors que les amateurs de café deviennent de plus en plus conscients de leur consommation, la durabilité est devenue un sujet central dans l'industrie du café. Mais que signifie la durabilité dans le contexte du café ? Elle fait référence à des pratiques qui réduisent l'impact environnemental, favorisent des conditions de travail éthiques, et assurent la viabilité à long terme pour les producteurs de café. Pour beaucoup, il s'agit de trouver un équilibre entre la croissance économique et la préservation de l'environnement, afin que les générations futures puissent continuer à profiter d'un café de haute qualité.

L'industrie du café fait face à de nombreux défis, allant du changement climatique à la déforestation, ce qui rend la durabilité plus cruciale que jamais. De nombreuses régions productrices de café, en particulier dans le Sud global, sont vulnérables aux changements climatiques, qui peuvent affecter la qualité et le rendement des cultures de café. En donnant la priorité aux pratiques durables, l'industrie peut contribuer à protéger les écosystèmes, à réduire la consommation d'eau, et à promouvoir la biodiversité, tout en veillant à ce que les agriculteurs et les travailleurs soient traités équitablement.

Certifications et labels

Pour les consommateurs cherchant à faire des choix plus durables, il existe un certain nombre de certifications et de labels qui peuvent les guider dans leurs achats. Comprendre ces labels peut vous aider à soutenir des pratiques éthiques et respectueuses de l'environnement.

- **Fair Trade (Commerce équitable)** : L'une des certifications les plus reconnues, le commerce équitable garantit que les agriculteurs reçoivent un prix équitable pour leur café. Il promeut également des conditions de travail équitables et des pratiques commerciales éthiques, contribuant ainsi à réduire la pauvreté dans les communautés productrices de café.

- **Rainforest Alliance** : Cette certification se concentre à la fois sur la durabilité environnementale et sociale. Les fermes qui obtiennent le label Rainforest Alliance doivent respecter des normes strictes en matière de conservation de la biodiversité, de pratiques agricoles durables et de bien-être des travailleurs agricoles.

- **Bio (Organic)** : Le café certifié biologique est cultivé sans pesticides ou engrais synthétiques, favorisant des écosystèmes plus sains et réduisant les rejets chimiques nocifs pour l'environnement. Bien que la certification bio se concentre principalement sur les pratiques environnementales, elle est souvent associée à la durabilité sociale.

- **Direct Trade (Commerce direct)** : Bien qu'il ne s'agisse pas d'une certification formelle, le commerce direct désigne le café acheté directement auprès des agriculteurs, souvent sans intermédiaires. Cette pratique implique généralement des relations à long terme entre les torréfacteurs et les agriculteurs, garantissant des prix plus élevés pour les producteurs et une meilleure transparence pour les consommateurs.

Ces certifications constituent un excellent point de départ pour prendre des décisions d'achat éclairées. Elles indiquent que le café que vous achetez répond à certaines normes en matière de traitement éthique des travailleurs, de responsabilité environnementale et de contrôle de la qualité.

Choix des consommateurs

En tant que consommateur de café, vous avez le pouvoir de soutenir la durabilité à travers vos achats. Choisir un café certifié éthique, opter pour des marques engagées dans la transparence, et être attentif à la façon dont votre café est sourcé sont autant de moyens de contribuer à une industrie du café plus durable.

Lorsque vous achetez du café, prenez le temps de regarder l'emballage et de réfléchir à l'origine des grains. De nombreux torréfacteurs spécialisés fournissent des informations détaillées sur leurs pratiques d'approvisionnement, y compris la ferme ou la coopérative où le café a été cultivé. Cette transparence vous permet d'établir un lien avec les agriculteurs et de comprendre comment votre achat les impacte.

Vous pouvez également réduire votre empreinte environnementale en minimisant les déchets. Par exemple, investir dans des filtres à café réutilisables, composter vos marcs de café, et choisir des emballages de café recyclables ou biodégradables peut faire une différence. Faire des choix durables ne se limite pas à acheter le bon produit – il s'agit d'adopter des habitudes qui s'alignent sur une culture du café plus responsable.

Chapitre 6 : Innovations technologiques dans le café

Nouveaux équipements de brassage

Alors que la culture du café évolue, la technologie derrière la préparation du café évolue également. Des méthodes classiques telles que la presse française et l'infusion manuelle aux gadgets de pointe, il ne manque pas de moyens pour expérimenter et obtenir la tasse de café parfaite. Les innovations d'aujourd'hui se concentrent sur la commodité, la précision et l'amélioration de l'expérience globale du café.

Voici quelques-unes des avancées les plus passionnantes en matière d'équipements de brassage :

- **AeroPress** : Une méthode de brassage polyvalente et portable qui permet d'expérimenter avec le temps de brassage et la pression, aboutissant à une tasse de café douce et riche.

- **Cafetière à siphon** : Également connue sous le nom de brasseur à vide, cet appareil offre un processus de brassage visuellement captivant. Le café est préparé à l'aide de la pression de la vapeur, créant une saveur unique et pure.

- **Machines à infusion manuelle automatiques** : Combinant la précision de l'infusion manuelle avec la commodité de l'automatisation, ces machines gagnent en popularité auprès des baristas amateurs à domicile.

Les gadgets de brassage continuent d'être affinés pour offrir un meilleur contrôle des variables telles que la température, la pression et le temps d'infusion, permettant aux passionnés de café d'obtenir des résultats plus constants et personnalisés.

Cafetière intelligentes

L'intégration de la technologie dans la préparation du café a donné naissance à une nouvelle génération de cafetières intelligentes. Ces appareils peuvent être connectés à des smartphones, permettant aux utilisateurs de contrôler chaque aspect du processus de brassage à distance. Vous voulez que votre café soit prêt dès que vous vous réveillez ? Une cafetière intelligente peut le faire pour vous.

Les cafetières intelligentes sont souvent équipées de fonctionnalités telles que :

- **Réglages de brassage personnalisables** : Ajustez la force, la température et le temps de brassage pour répondre à vos préférences.
- **Intégration d'applications** : Utilisez une application pour lancer l'infusion, définir un calendrier, ou recevoir des notifications lorsque votre café est prêt.

- **Broyeurs intégrés** : Un café fraîchement moulu est essentiel pour obtenir la meilleure saveur, et certaines cafetières intelligentes incluent des broyeurs qui s'ajustent en fonction du style de brassage choisi.

Ces appareils allient l'art de la préparation du café à la commodité de la technologie moderne, rendant plus facile que jamais la dégustation d'un café de haute qualité à la maison.

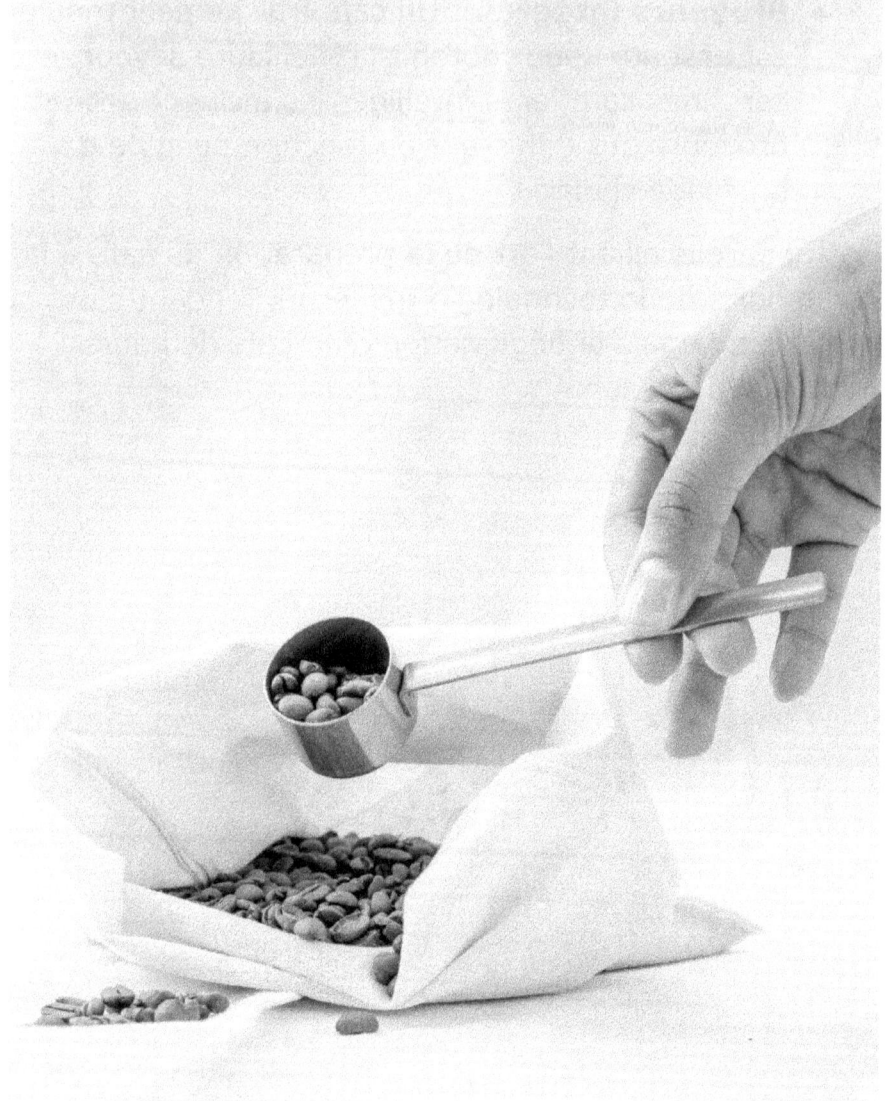

Tendances futures

À mesure que la technologie continue d'évoluer, l'industrie du café est prête à accueillir encore plus d'innovations. Les machines à café alimentées par l'intelligence artificielle, par exemple, pourraient apprendre vos préférences au fil du temps, ajustant le processus de brassage pour vous offrir une tasse parfaitement personnalisée. Nous pourrions également voir des solutions de brassage plus écologiques, avec des appareils conçus pour minimiser l'utilisation de l'eau et de l'énergie.

En outre, l'essor des technologies d'emballage durable – telles que les capsules compostables et les sacs de café biodégradables – pointe vers un avenir où commodité et responsabilité environnementale peuvent aller de pair. L'industrie du café adopte ces innovations tout en cherchant constamment à répondre à la demande des consommateurs tout en réduisant son impact environnemental.

Chapitre 7 : Café de spécialité à la maison

Techniques de brassage à domicile

Pour de nombreux amateurs de café, la possibilité de préparer un café de haute qualité à la maison est l'objectif ultime. Avec les bonnes techniques et le bon équipement, vous pouvez recréer des infusions dignes d'un café dans votre propre cuisine. Voici quelques méthodes de brassage essentielles à maîtriser chez soi :

- **Infusion manuelle (Pour-Over)** : Une méthode de brassage manuel qui vous permet de contrôler entièrement le processus. Des options populaires comme le Hario V60 ou le Chemex offrent une grande précision, permettant aux saveurs naturelles du café de s'exprimer pleinement.

- **Presse française (French Press)** : Une méthode de brassage par immersion totale, classique et simple, qui produit un café riche et robuste. Elle est facile à utiliser et parfaite pour préparer plusieurs tasses à la fois.

- **Machine à espresso** : Pour ceux qui souhaitent recréer l'expérience du café à la maison, une machine à espresso permet de préparer une dose concentrée et intense de café, qui peut ensuite être utilisée pour des lattes, cappuccinos, et bien plus.

Apprendre à maîtriser des variables telles que la température de l'eau, la taille de la mouture, et le temps d'infusion est essentiel pour dominer ces méthodes et élever votre expérience de café à domicile.

Recettes maison (DIY)

Préparer des boissons à base de café de spécialité chez soi peut être tout aussi gratifiant que de les déguster dans un café. Voici quelques recettes à essayer chez vous :

- **Latte glacé à la vanille** : Préparez un double shot d'espresso, ajoutez des glaçons, mélangez avec du lait et une touche de sirop de vanille.

- **Infusion à froid (Cold Brew)** : Faites macérer du café moulu grossièrement dans de l'eau froide pendant 12 à 24 heures, filtrez, et servez avec des glaçons. Ajoutez un peu de lait ou de crème pour plus de richesse.

- **Café Nitro à domicile** : Si vous disposez d'un fût à café Nitro ou d'un appareil à café infusé à l'azote, vous pouvez savourer la texture crémeuse et mousseuse du café Nitro sans quitter la maison.

Aménager un bar à café à domicile

Pour les véritables passionnés de café, installer un bar à café chez soi est un moyen à la fois amusant et pratique d'améliorer votre expérience quotidienne. L'équipement essentiel inclut :

- **Moulin à café** : Le café fraîchement moulu fait toute la différence en termes de saveur. Investissez dans un moulin à meules pour des moutures homogènes et régulières.

- **Balance** : Mesurer votre café et votre eau par poids garantit une précision et une constance dans le brassage.

- **Outils de brassage** : Selon vos préférences, vous pourriez inclure un dripper pour infusion manuelle, une presse française, un AeroPress, ou une machine à espresso.

Avec les bons outils et un peu de pratique, vous pouvez transformer votre cuisine en café personnel, où chaque tasse est préparée exactement selon vos goûts.

Conclusion

Récapitulatif des tendances clés

À la fin de cette exploration des innovations modernes du café, il est clair que le café n'est plus simplement un rituel quotidien – c'est un art, une passion, et une expérience en constante évolution. De l'attrait crémeux du café Nitro au profil doux et faible en acidité de l'infusion à froid, le monde du café de spécialité offre quelque chose pour chacun. Les grains à origine unique ont rapproché les amateurs de café des producteurs et des régions derrière leurs infusions préférées, tandis que les cafés de spécialité sont devenus des centres communautaires vibrants, offrant bien plus qu'une simple tasse de café.

En plus du goût et de l'expérience, la durabilité et la technologie redéfinissent notre façon de penser le café. Les consommateurs sont désormais plus conscients de l'approvisionnement éthique, des certifications comme le commerce équitable, et de l'impact environnemental de leurs choix de café. Les avancées technologiques ont non seulement rendu le brassage plus précis et accessible, mais ont également ouvert la voie à de nouvelles innovations, des cafetières intelligentes aux systèmes de brassage alimentés par l'intelligence artificielle.

À travers toutes ces tendances, une chose reste claire : le café n'est pas seulement une boisson – c'est un mouvement mondial qui touche la vie de millions de personnes, des agriculteurs qui cultivent les grains aux baristas qui préparent chaque tasse.

Encouragement à explorer

Ce livre n'est que le début de votre voyage dans le monde du café de spécialité. Que vous soyez un buveur de café occasionnel ou un barista en devenir, il y a toujours quelque chose de nouveau à apprendre, goûter et expérimenter. Essayez de visiter un café de spécialité local, demandez quels grains ils utilisent, et n'ayez pas peur d'explorer de nouvelles méthodes de brassage à la maison. Plongez dans le monde des cafés à origine unique, expérimentez différents profils de saveur, et adoptez la culture d'innovation qui entoure le café aujourd'hui.

La beauté du café réside dans sa diversité. Chaque tasse peut raconter une histoire – qu'elle parle de la région où elle a été cultivée, de la méthode utilisée pour la préparer, ou des personnes qui se sont réunies pour la rendre possible. Alors, au fur et à mesure que vous poursuivez votre voyage caféiné, prenez le temps de savourer chaque gorgée, d'apprécier l'art derrière chaque infusion, et continuez à explorer le merveilleux monde du café de spécialité.

Restez curieux, et continuez à infuser !

Notes:

Notes:

Notes:

Notes:

Notes:

www.ingramcontent.com/pod-product-compliance
Lightning Source LLC
Chambersburg PA
CBHW070413230526
45471CB00006B/2791